El Pequeño Libro de La Sabiduría de Reiki Celta

POR

MARTYN PENTECOST

TRADUCIDO POR
MARCOS GONZÁLEZ

© 2015 Martyn Pentecost
Publicado por primera vez en
Gran Bretaña en 2010 por mPowr (Publishing)
Ltd.
Segunda Edición publicada en 2015.
Primera Edición en el idioma Español publicada
en el 2015 por mPowr (Publishing) Ltd.

www.mpowrpublishing.com
www.celtic-reiki.com   www.es.celtic-reiki.com

Un registro de catálogo de este libro se encuentra
disponible en la Biblioteca Británica
ISBN-978-1-907282-68-3

Diseño de la portada por Martyn Pentecost
mPowr Publishing 'Clumpy™' Logo
por e-nimation.com.
Clumpy™ and the Clumpy™ Logo
son marcas de mPowr Ltd.

¡Hecho por los Duendes de Libros!

Los libros publicados por mPowr Publishing son hechos por Duendes de Libros. Un Duende de Libro es más o menos así de alto, con pequeñas botas verdes, con cara de papa y grandes ojos marrones. ¡Estas serviciales pequeñas criaturas, tiernamente crean cada libro con amabilidad, cuidado y con un poquito de magia! Antes del envío, un Duende de Libro saltará en las páginas, usualmente en el capítulo más cautivante o una parte que preste especial atención a la comida y se quedará con ese libro, siempre. ¡Esto significa que todo libro de mPowr Publishing viene con un encanto añadido (¡y manchas de chocolate ocasionales!) para que obtengas una sensación cálida y difusa de amor con la vuelta de cada página!

¡Este libro es dedicado a la persona para la cual
fue escrito...Tú...el lector!

Que te brinde mucha alegría y felicidad...

Solo un Pequeño Libro

Los Árboles Sagrados de Reiki Celta:
  Ailim a Ruis

Los Árboles del Bosque de Reiki Celta:
  Madreselva a Rododendro

Las Esencias de la Maestría de Reiki Celta:
  Koad a Zarza Ardiente

Las Esencias de los Árboles No-Celtas:
  Cedro a El Árbol de los Cielos

Puede que sea solo un pequeño libro, lo suficientemente pequeño como para caber en su bolsillo, pero contengo en mis páginas (y dentro de ellas) la sabiduría de los árboles. ¡Estas hermosas criaturas, de las cuales estoy hecho, tienen mucho que compartir desde sus perspectivas individuales, que tienen que encajar una gran cantidad de profundidad en el más pequeño de los lugares!

Sin embargo, el más pequeño de nosotros puede contener más sabiduría que los tomos más poderosos, porque no es el número de páginas que tienes, se trata de lo que haces con ellas. Esto me lo dijo un libro mucho más viejo, llamado el Karma Sutra, aunque no estoy completamente convencido de que estábamos hablando de lo mismo en el momento. ¡Soy un libro muy joven después de todo!

Mientras me sostienes en tus manos, espero que los mensajes, pensamientos susurrados y sentimientos que siguen, encuentren un lugar en tu corazón. Es mi deseo que la sabiduría que vamos a compartir, mientras pasemos tiempo juntos, te alivie cuando necesites unas palabras de bondad, te apoye cuando necesites un poco de ayuda y traiga una sonrisa a tus labios cuando todo parece ser que ya es demasiado.

Soy un libro muy flexible y no me molesta si me lees de principio a fin o si entras y sales a tu gusto. Incluso me gusta ser abierto al azar a la página que va ayudarte más o contestar una pregunta que deseas que sea contestada... bueno, siempre y cuando no me haga mucha cosquilla; soy propenso a un ataque de risa cuando me hacen cosquillas a lo largo de mi columna vertebral o en la esquina izquierda de la página 23.

De todas las cosas que podría desear para ti y espero que descubras, es esto...Todo el mundo, incluso el más pequeño de nosotros, puede ser significativo en el crecimiento, sanación y alegría del otro...Espero con todas las páginas de las que estoy hecho y con las palabras que estoy escrito, que encuentres algo en mí, que he encontrado en ti: una mano amorosa para sostener, una guiñada, una sonrisa y un pensamiento momentáneo de vez en cuando.

Ahora, con un crujido de papel y un destello de intuición, te voy a pasar a nuestros amigos los árboles, para que puedan decirte sus secretos y susurrar sus verdades...

... pero antes de que te vallas, ¿podría decir una cosa más? Si te encuentras con un pequeño duende de libro que es más o menos así de alto, podrías decirle a ella que dejó manchas de chocolate en la página treinta y tres y derramó algo inidentificable en la página cuarenta y dos. Por lo tanto, ¿podría ser tan amable de ser un poco más limpia en el futuro?

La Magia de los Reinos te espera…

Descubre la Maestría de
Los Reinos de Reiki Celta
Con un exclusivo adiestramiento
de estudio en el hogar en

WWW.CELTIC-REIKI.COM

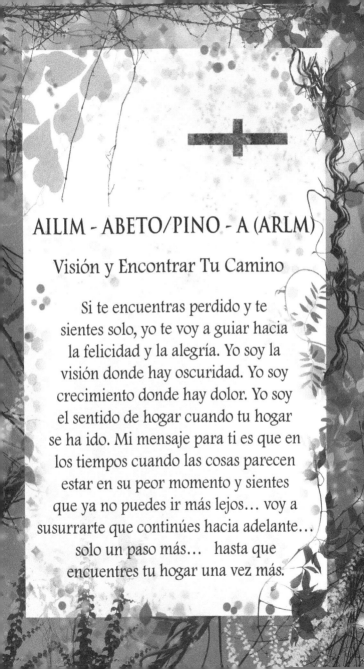

AILIM - ABETO/PINO - A (ARLM)

Visión y Encontrar Tu Camino

Si te encuentras perdido y te sientes solo, yo te voy a guiar hacia la felicidad y la alegría. Yo soy la visión donde hay oscuridad. Yo soy crecimiento donde hay dolor. Yo soy el sentido de hogar cuando tu hogar se ha ido. Mi mensaje para ti es que en los tiempos cuando las cosas parecen estar en su peor momento y sientes que ya no puedes ir más lejos… voy a susurrarte que continúes hacia adelante… solo un paso más… hasta que encuentres tu hogar una vez más.

ONN - TOJO - O (ON)

Creatividad y Nutrir

Cuando necesites la seguridad de que estás siendo amado, yo te consolaré. Pues cuando te encuentres envuelto en mi abrazo, seguro y cálido, te sentirás nutrido y bien cuidado. Este es un tiempo para dormir, para soñar, para recorrer los extensos alcances de tu imaginación y para crear. Cuando te encuentres entrelazado con mi esencia, sentirás la chispa de la creación y serás inspirado a desarrollar todas estas maravillas, desde la elevada sinfonía, hasta el poema que puede reducir las almas más firmes hacia lágrimas de júbilo.

UR - BREZO - U (OO-R)

Suerte y Oportunidad

Si alguna vez sientes que las cosas están estancadas y estáticas; cuando deseas movimiento pero te das cuenta que tus pies están en el fango, aquí estoy para ofrecer impulso y solo un poquito de magia. Mi esencia impregna con lo que algunos llamarían suerte o buena fortuna, pero tú y yo sabemos que es tu sabiduría y talento innato. Cuando accedes a tus habilidades internas y encuentras tu flujo, el mundo cambiará a tu alrededor y ya no padecerás por desear o carecer, sino que prosperarás con un recién descubierto poder.

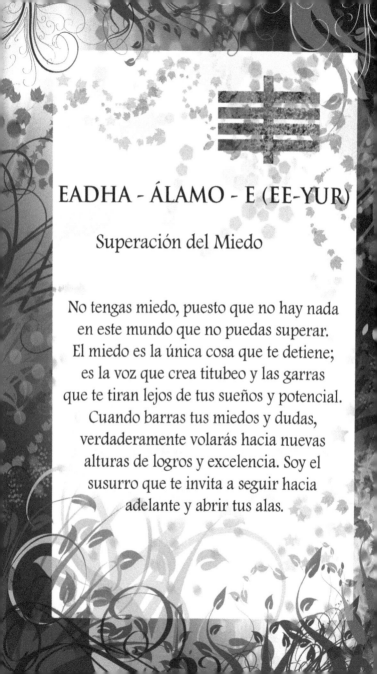

EADHA - ÁLAMO - E (EE-YUR)

Superación del Miedo

No tengas miedo, puesto que no hay nada
en este mundo que no puedas superar.
El miedo es la única cosa que te detiene;
es la voz que crea titubeo y las garras
que te tiran lejos de tus sueños y potencial.
Cuando barras tus miedos y dudas,
verdaderamente volarás hacia nuevas
alturas de logros y excelencia. Soy el
susurro que te invita a seguir hacia
adelante y abrir tus alas.

IOHO - TEJO - I (E-YO)

El Ciclo de Nacimiento, Muerte, Renacimiento

Tu vida es una de ciclos y patrones, de nacimiento, de muerte y de renacimiento. Cualquiera que sea tu fase actual de crecimiento, aquí estoy para apoyarte con una esencia que trasciende los finales. Yo te impulso hacia adelante en los tiempos de cambios o nuevos comienzos, ofreciendo una caricia amorosa cuando te encuentras en periodos de dolor o cuando experimentas finales; alentándote más allá del daño hacia un tiempo de renacimiento y ascendencia, siempre moviéndote hacia la expansión de tu mente, de tu espíritu, de tu propia fuente...

BEITH - ABEDUL - B (BEH)

Nacimiento, Iniciación y Comienzos

En los nuevos comienzos y los primeros pasos tentativos que das, con emoción en tu corazón y susto en tu mente, aquí estoy sosteniendo tu mano. Mi esencia da vida y energía a lo nuevo, a la iniciación y al nacimiento: el nacimiento de un niño, de una idea, una organización o relación. Yo simbolizo lo nuevo que encuentras en la vida y que te ayuda a levantar tu poder cinético. Con esto podrás atravesar obstáculos y saltar por encima de las limitaciones del pasado.

LUIS - SERBAL - L (LWEESH)

Superación de la Hostilidad y la Desolación

Cada vez que te encuentras con la hostilidad y donde quiera que tu vida parezca estar sombría; si estas caminando cuesta arriba y la vida parece ser implacable y traicionera, yo traigo vitalidad y dirección. Cuando estás bajo la protección de mis ramas, tu vida estallará en color, prosperidad y en todo lo que necesites para lograr atravesar ese último obstáculo o frontera. Con vigor renovado, podrás esforzarte hacia adelante, por encima y más allá de los que puedan intentar arrastrarte hacia su propia falta de autoestima.

FEARN - ALISO - F (FI-EEN)

Custodio

Hay mucho acerca de ti que es sagrado y profundo. Posees una belleza espiritual inherente que brilla hacia el exterior y que transforma la vida de aquellos que logra tocar. Soy un guardián y custodio de todo lo que es sagrado. Abarco las capas de experiencia que existen más allá del mundo físico; el mundo sensorial de la vista, del sonido y del tacto. Invito al crecimiento espiritual y dejar ir todo lo que te ata y te limita en el mundo físico, para que puedas ser liberado.

SAILLE- SAUCE - S (SAL-YUR)

Sanación, Autoestima, Sexualidad

Nunca subestimes el valor de quien eres. Sin importar tus cicatrices o manchas, tus deseos o necesidades, eres hermoso y perfecto, tal y como eres. Mi esencia te va ayudar a sanar, aliviar el dolor y la enfermedad o a lavar las palabras y acciones de odio por parte de otros. Mi magia te recuerda que eres una persona maravillosa, una chispa, una parte esencial de este Universo sin límites. ¡Sé exactamente quién eres y siempre celebra tu singularidad!

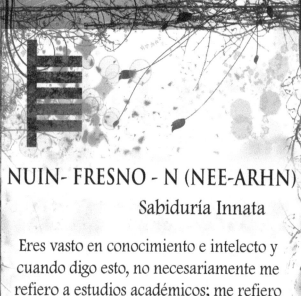

NUIN- FRESNO - N (NEE-ARHN)
Sabiduría Innata

Eres vasto en conocimiento e intelecto y cuando digo esto, no necesariamente me refiero a estudios académicos; me refiero a la sabiduría que has almacenado durante toda tu vida, la sabiduría de lo que es ser tú y sobre todo, de tu propia verdad. Te recuerdo que el verdadero poder de tu verdad se encuentra en la fluidez y el crecimiento que infundes en tu propia esencia. Cuando permaneces abierto a la transición, la expansión y hasta la revisión de tu verdad, te vuelves sabio, en formas que muchos no pueden comprender.

HUATHE- ESPINO - H (HOO-ARTH)

Una Perspectiva Diferente

¿Te encuentras en una situación donde no logras ver el camino hacia adelante? ¿Estás preocupado por cosas que no pueden cambiar, que se ven muy complejas para lidiar con ellas o más allá de tu control? Bueno, estoy seguro de que mi esencia puede ayudar. Propongo una perspectiva distinta, más bien un elegante y nuevo panorama hacia aquellos persistentes viejos desafíos, que casi todo el mundo detesta tener que lidiar. No estés tan preocupado, porque las situaciones de las que estás consciente, las puedes alterar, aunque no debes desperdiciar energía en tratar de cambiar el problema… ¡simplemente cambia tu visión hacia él!

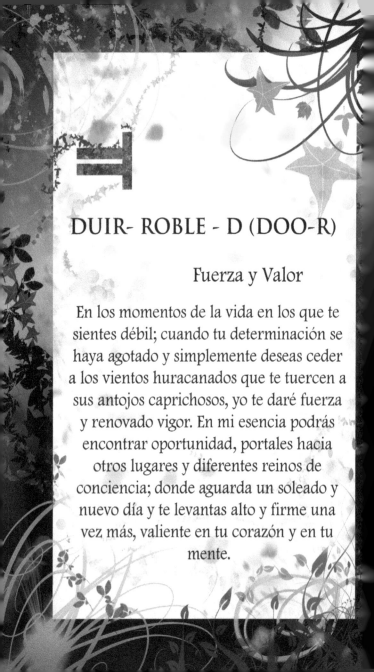

DUIR- ROBLE - D (DOO-R)

Fuerza y Valor

En los momentos de la vida en los que te sientes débil; cuando tu determinación se haya agotado y simplemente deseas ceder a los vientos huracanados que te tuercen a sus antojos caprichosos, yo te daré fuerza y renovado vigor. En mi esencia podrás encontrar oportunidad, portales hacia otros lugares y diferentes reinos de conciencia; donde aguarda un soleado y nuevo día y te levantas alto y firme una vez más, valiente en tu corazón y en tu mente.

TINNE- ACEBO - T (TIN-NAY)

Amor Maternal y Protección

Todos necesitamos el amor maternal y aunque puede que seas independiente y fuerte, habrá momentos en los que querrás la nutrición y la protección que da una madre hacia su criatura. Existe una fuerza primaria en estos enlaces, no pueden ser quebrantados o perdidos, son eternos e infinitos, mi esencia es de ese amor y esa fuerza poderosa. Yo soy la Madre Universal, la Servidora, la Protectora y te defenderé con cada espina que poseo.

COLL- AVELLANO - C (CULL)

Sabiduría Mundana

¿Alguna vez te han contado algo tan importante que ha cambiado tu vida? No fue leído en un libro ni enseñado en un salón de clases; se trataba de algo por el ladito, un poquito de cháchara ociosa, un consejo de un amigo. Bueno, esa sabiduría es de nuestra esencia, pues nos gusta un poquito de escándalo, chismes jugosos, cuentos exagerados y viejas risas. ¡Todo el conocimiento del mundo ha o será pasado al viento en algún punto y si nos prestas atención, estarás escuchando cuando esa contestación perfecta sea lanzada a tu camino!

Quert – MANZANO – Q (Kwert)

Amor y Belleza

Cuando te encuentras tan enamorado que todo se ve más brillante, lleno de color y saturado de vitalidad. Cuando una canción resuena con tu propia alma y una simple mirada puede mover hasta tus cimientos, estás enamorado. Mi esencia es del amado y el amoroso, de los que lo poseen, de los que lo buscan, de los que le dedican toda su vida. Donde hay belleza, donde hay amor, podrás experimentarme y el poder que otorgo… ¡y me encuentro más cerca de lo que podrías imaginar!

MUIN- ZARZAMORA - M (MHOOWN)

Retos en el Amor

Recuerda que el amor puede ser desafiante, ¡cariño! A veces tenemos que apretar los dientes, sonreír dulcemente y hacer concesiones a nuestros seres más cercanos y queridos. Si estás pasando por lo que yo llamo "parchos espinosos" con tus amigos, colegas y seres queridos, simplemente recuerda que es a través de estos momentos que nos hacemos más fuertes y que los lazos entre nosotros se hacen más duraderos. Una vez se restaure el equilibrio, tus amistades y tus relaciones se verán mucho más valiosas y habrán valido la pena los desafíos que se han podido superar.

GORT- HIEDRA - G (GORT)

Elevación sobre la Confusión

Hay momentos en los que te puedes sentir perdido en un torcido laberinto de caminos conflictivos; el camino a seguir oscurecido. Estos laberintos de confusión y enigma mental no se igualan a mi esencia. Ayudo a los exploradores errantes que no pueden encontrar su camino o a los que necesitan dirección para escoger la mejor vereda. Si te has detenido por la indecisión, si tu inercia se debe a demasiadas opciones a tomar, te recuerdo que ningún camino es el incorrecto, pues todos te llevarán al lugar donde te encuentras.

NGETAL- TOJO - NG
(NET-TARL)

Comportamiento Habitual y Limpieza

Tú sabes cómo empieza… se siente tan bien, tan relajante, tan consolador. Te hace sentir mejor en los momentos en que la vida no se ve tan maravillosa. Sin embargo, antes de que te des cuenta, esa pequeña criatura consolante se ha convertido en adicción; un hábito que ahora controla en vez de consolar. Mi esencia es la de limpieza; te ayudo a remover tu comportamiento habitual, esas respuestas que ocurren sin premeditar o consideración. Al ayudarte a que actúes con voluntad, podré apoyarte para que ganes un mayor control de tu vida.

Straif – ENDRINO – St (Strife)

Lucha y Trauma

Si alguna vez enfrentas en tu vida un periodo donde todo te sale mal, si experimentas trauma y dolor más allá de lo que habías conocido; cuando todo parece demasiado difícil de soportar, ahí estaré para ayudarte a sanar de los desafíos que te dan forma y te cambian irrevocablemente. Durante estos puntos que definen la vida, te ayudo a conectar con tu inocencia, con tu yo infantil y la parte encerrada muy dentro de ti que desesperadamente desea redescubrir lo que era ser joven y divertirse. Aunque puede que camines la vereda solo, estaré contigo en cada paso, mis espinas para protegerte y mi amor para mantenerte cálido.

RUIS- SAÚCO - R (RWEESH)

Asuntos Legales

Cuando tengas que afrontar asuntos legales o burocráticos, puede que encuentres el panorama bastante intimidante. Yo me esfuerzo para ayudarte a descubrir una salida a través de las complejidades y los desafíos que puedas encontrar. Soy el árbol del balance y la armonía, de la vida y la muerte. Por lo tanto, puedo apoyarte en los momentos de tu vida en que los extremos necesitan encontrar un equilibrio y tú, simplemente desear paz interna.

MADRESELVA- UILLEAND
PE (OO-LIND)

Luz y Oscuridad

¿Le temes a la oscuridad?
Bueno, no le temas porque estoy aquí para
consolarte. Mi esencia es de la luz, aunque
te recuerdo, la oscuridad es una parte
necesaria en un mundo donde hay luz, la
luz más brillante elimina a la más oscura
de las sombras. Sin embargo,
¿y qué de la oscuridad?
Son simplemente esos lugares que tienes
que explorar, las áreas de tu psiquis que
son desconocidas para ti hasta ahora.
Así que, agarra tu sombrero de explorador
y vámonos en una búsqueda…

HELECHO- IFIN- VE (I-VERN)

Encontrar el Punto Medio

Puedes creer que cada situación tiene un correcto o un incorrecto, un sí y un no, un negro y un blanco. Sin embargo, hay veces en que las tonalidades de gris son necesarias y ya es tiempo de que encuentres un punto medio. Estos son los momentos en los que puedes llamar a mi esencia para ayudarte a escoger la línea por donde caminar o un lugar donde sentarte y reflexionar. Ya que la vida no es siempre acerca de tomar decisiones, ¡a veces el acto de ser es tan válido y tan agradable!

HUSO- OIR- TH (U-EH)

Manifestación

¿Qué es lo que más deseas en el mundo?
¿Cuáles son tus sueños y deseos?
¿Cuáles son las metas que más quisieras
lograr?
Bueno, cuando te envuelvas en mi esencia,
yo te puedo ayudar a obtener todos tus
caprichos. ¡Puedo animarte a trabajar
duro y esforzarte por lo que quieres,
pero también te aseguro que si estás
dispuesto a seguir adelante hasta que
consigas lo que quieres, vas a obtener lo
que quieras! Y si te has esforzado en el
pasado, sin recompensa, estoy aquí para
ayudarte a descubrir lo que se te debe...

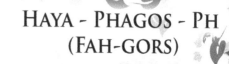

HAYA - PHAGOS - PH
(FAH-GORS)

Conocimiento Escrito

Cuando llames a mi esencia para pedir ayuda y que te guíe, te ofreceré las contestaciones en documentos y libros, ¡tales como éste! Podrías encontrar pistas en letreros o cruzarte por la calle con palabras al azar. Pues soy el cambio profundo a través de la palabra escrita, la tradición y la sabiduría que es transmitida del escritor al lector, del profesor al estudiante, del maestro al aprendiz.

Te invito a mantener un diario, a escribir tus pensamientos y a leer vorazmente, pues quién sabe lo que puedas aprender por ti mismo o infundir en otros.

CAMPANILLA AZUL- LLOCHW LL (CLOCK-AU)

Tesoros Ocultos

Sabes, los regalos más hermosos usualmente se encuentran ocultos, pero no por estar fuera de la vista o escondidos. Estos se encuentran a plena vista y son tan comunes que simplemente nos olvidamos de prestarles atención. Toma un momento para recordar las personas especiales en tu vida, los regalos y los tesoros que has olvidado que estuvieron ahí. Algunas veces lo único que se necesita es un "gracias", un simple reconocimiento de amor y la chispa regresará hacia los viejos y cansados ojos o los labios que no han sonreído por los años más largos.

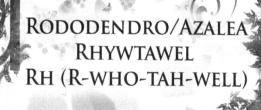

RODODENDRO/AZALEA
RHYWTAWEL
RH (R-WHO-TAH-WELL)

Serenidad y Lugares Pacíficos

Saca un momento de tu agitado día para disfrutar de tan solo un momento de serenidad y desenterrarás una eternidad de paz y alegría. Pues el tiempo se expande y se contrae para satisfacer tus necesidades percibidas. Si no tienes el tiempo para dedicarle unos segundos a una respiración profunda, un minuto para contemplar o una hora para relajarte, entonces nunca tendrás tiempo para nada. Dedica un tiempito a un lugar de tranquilidad, en el mundo o en tu imaginación y toda la eternidad será tuya para explorar…

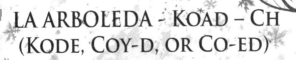

LA ARBOLEDA - KOAD – CH
(KODE, COY-D, OR CO-ED)

El Lugar Sagrado

Existe un lugar dentro de ti que contiene todo tu potencial y poder innato. En tu propio centro, arde tan brillante, que contiene el potencial de cambiar el Universo entero a tu voluntad y deseo. Para verdaderamente poder aprovechar este poder, simplemente tienes que reconocerlo y dejar ir todo lo que lo resiste. Pues tu duda e indecisión niegan tu energía y crean escasez. Al llamar a los árboles sagrados de La Arboleda, estás pidiendo por nuestro apoyo y nunca te abandonaremos o decepcionaremos. Conocemos tu poder y estamos aquí para ayudarte a desatarlo.

OCÉANO
MOR (MAW-ER)

Profundidades Ocultas

Mira hacia mis profundidades más oscuras
y encontrarás tu verdad, los reinos internos
del conocimiento y sabiduria. Si pasas la
mayor parte de tu vida en la superficie de un
brutal océano, permitiendo que te arrastren
sus olas sin dejarte opinar hacia qué
dirección deseas ir, te invito a que te hundas,
hacia el abismo, donde podrás viajar por la
vida con mayor facilidad y calma. Te ofrezco
sabiduría desconocida y todo lo que puedas
saber. Mi esencia guía y apunta hacia
lugares sagrados, temas que jamás pensaste
que existían, así que ven y viaja, explora y
experimenta todo lo que tengo que
mostrarte…

THE UNHEWN DOLMEN ARCH
(EL ÁRBOL SIN NOMBRE)

Sánalo Todo

Yo soy el sin nombre. El sanador, el monarca, el que no conoce limitaciones o carencias. Tus ancestros sabían de mis regalos y me invocaban en los tiempos de enfermedad o dificultades severas y sin embargo, aún estoy aquí, dirigiendo y nutriendo. Te ofrezco sabiduría espiritual, más allá de los reinos de la Tierra; cuando conectes con mi esencia, verás más allá del mundo sólido y verás el vasto espacio que existe más allá de la definición. Cuando me conoces, conoces lo que no puede ser hablado ni confinado, pues soy la leve sonrisa y la expresión de alegría que solo puede ser reconocida cuando se conoce.

LA ZARZA ARDIENTE

Diversidad y Maestría

Ven a mí si te sientes incongruente,
diferente, especial o incomprendido.
Si tu nariz es muy larga o tus piernas
sobresalen, si eres demasiado gordo o
demasiado flaco, refúgiate bajo mis ramas.
Cuando las personas dicen que eres
demasiado emocional o que no muestras
suficiente emoción; cuando piensas
demasiado o muy poco, nunca te juzgaré
ni me alejaré. Pues mi esencia es para
todos aquellos que no encajan o se
conforman. Yo te guiaré hacia un estado
mental donde estarás más feliz y donde
te puedas sentir orgulloso de ti mismo,
quien quiera que seas.

EL ÁRBOL DE CEDRO

Preservación y Prevención

Hay momentos en los que tu atención se dirige hacia las necesidades del cuerpo físico y tu salud requiere un poco más de nutrición. Soy el responsable de la germinación de las semillas, del nacimiento de los corderos en la primavera y de otros procesos sagrados que existen a través de los ciclos anuales. Mi esencia es utilizada para la invocación de espíritus de ayuda y de sanación donde se requieren cualidades preventivas y preservativas. Yo susurro el recordatorio de que tu cuerpo es un receptáculo sagrado, en el cual danza tu espíritu, para que pueda experimentar todas las alegrías de la vida.

EL ÁRBOL DE SICOMORO

 Recuperación del Trauma

Pueden haber momentos en los que encuentras dificultad para levantarte en las mañanas, donde la vida aparenta ser un poco mediocre o el dolor del pasado tienta disfrutarse el ahora. Cuando te extiendo mi apoyo, te ayudo a recuperarte nuevamente del trauma. Cuando hayas sido derribado de tus pies por un evento inesperado o de improviso, puedo ayudarte. ¡Mi esencia provee contestaciones cuando las cosas se han tornado seriamente malas y los retos continúan llegando! Pues soy susceptible a las tormentas y el mal tiempo, rompiendo en el viento y cayendo hacia la Tierra, sin embargo, mi secreto es que puedo repararme rápidamente y crecer de nuevo más rápido que el tumbe que me pueden dar la repeticiones de tormentas. Si escuchas... te diré cómo...

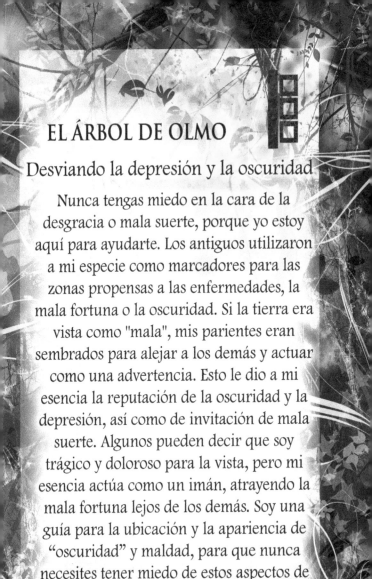

EL ÁRBOL DE OLMO

Desviando la depresión y la oscuridad

Nunca tengas miedo en la cara de la desgracia o mala suerte, porque yo estoy aquí para ayudarte. Los antiguos utilizaron a mi especie como marcadores para las zonas propensas a las enfermedades, la mala fortuna o la oscuridad. Si la tierra era vista como "mala", mis parientes eran sembrados para alejar a los demás y actuar como una advertencia. Esto le dio a mi esencia la reputación de la oscuridad y la depresión, así como de invitación de mala suerte. Algunos pueden decir que soy trágico y doloroso para la vista, pero mi esencia actúa como un imán, atrayendo la mala fortuna lejos de los demás. Soy una guía para la ubicación y la apariencia de "oscuridad" y maldad, para que nunca necesites tener miedo de estos aspectos de la vida de nuevo.

EL ÁRBOL DE CASTAÑO

Asociaciones y Abundancia

Si te fuese útil un poco de ayuda con las asociaciones y las uniones, yo puedo concederte esto, porque mi esencia está impregnada en el mismo aire, donde la gente se reúne. Yo superviso las dinámicas y las situaciones que enfrentan las parejas, así como el alivio de crecer juntos. Yo ayudo a las parejas a aprender juntos y a mantener un balance dentro de su unión. Mi esencia apoya las áreas de tu vida que rodean la abundancia, la plenitud, la nutrición y la capacidad de proveer para ti y tu familia.

EL ÁRBOL DE HAYA COMÚN

Sanador Universal

¡Si estás necesitado de un sanador universal, porque sientes que algo anda mal, pero no puedes decir qué, entonces yo soy tu árbol! Mi esencia puede ser utilizada para recuperarse de un trauma que amenaza la vida y el resfriado común. Me esfuerzo por sanar asuntos que duran toda la vida y los desafíos ocasionales por igual. Me preocupo por el uno y los muchos, mis ramas son fuertes, así que sube a bordo y déjame cargarte por un rato.

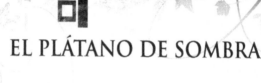

EL PLÁTANO DE SOMBRA

Integridad y Lealtad

Cuando posees integridad de carácter y la convicción de tus principios, es una fuerza personal increíble. Cuando se combina con la lealtad, ganarás el respeto de las otras personas y la confianza; siendo la confianza una de las cualidades más valiosas que podrías alcanzar. Mi esencia te guiará en el camino de la integridad, ayudándote a sostener tu determinación y mantener tus valores.

EL ÁRBOL DEL ARCE AZUCARERO

 Prosperidad y Riqueza

Dicen que "el dinero hace girar el mundo"; siempre he pensado que eran las incomprensibles fuerzas del Universo, pero, ¿cómo saberlo yo? ¡Solo soy un árbol! Prefiero pensar que cuando vives tu vida, siguiendo el flujo de estas magníficas fuerzas, la prosperidad, la abundancia y las riquezas fácilmente llegarán a ti. Si enfocas tu atención en las cosas que te traen alegrías, las misteriosas fuerzas atraerán el dinero suficiente para los objetos que deseas que lleguen a ti; ¡enfocarse en el dinero como un frío aislamiento es como un topo desear la luz solar!

EL ÁRBOL DE OLIVO
Longevidad y Vejez

La edad, de la añeja y madura variedad, es algo que viene con sabiduría, porque sin sabiduría, ¿cómo alguien podría saber cómo seguir viviendo? La vida puede verse tan compleja, pero toma una hoja de mi rama y verás que existen algunas simples reglas… Duerme cuando sea el momento de dormir, come cuando tengas hambre y bebe a menudo. Doblégate cuando sople el viento y absorbe la luz solar cuando esté brillando. Disfruta cada momento de la vida, sin importar qué y vivirás para ver más de ella. ¡Te lo garantizo!

EL ÁRBOL DE TILO

Cohesión y Síntesis

¿Alguna vez has sentido que tu vida no tiene nada que la sostenga unida; como si pudieras ser halado hacia tantas direcciones que podrías romperte por el medio? Mi esencia es el regalo de la síntesis; de combinar muchos factores contrastantes y algunas veces conflictivos, juntos, hasta que desarrollen la cohesión. Es este vínculo que puede ayudar a aliviar las fuerzas opuestas que te alejan de ti mismo y le devolverá la fuerza a tus brazos y piernas elásticas.

EL CARPE

Duelo y Trascendencia

Si alguna vez has perdido a un ser querido, conocerás el dolor del duelo. Con el tiempo el duelo cambia, se convierte en un grato recuerdo, un perfume delicado, una borrosa mirada, una palabra amable convertida en eco a través del tiempo. Gradualmente aprenderás a trascender el dolor en tu interior, aceptar que duele y transformarlo en otra cosa, no en dolor, sino en una conmovedora reminiscencia de un amor que trasciende la muerte. Tus seres queridos nunca te abandonan, siempre están contigo; infinitamente entrelazados con el amor que les tienes y el que ellos te tienen a ti.

LA MAJESTUOSA SEQUOIA

Cielo y Tierra

Mi esencia existe en la conexión entre Cielo y Tierra. Yo te presento con la habilidad de caminar entre los mundos y sin embargo estar en todos los lugares al mismo tiempo. Al hacer esto, puedes llevar el conocimiento sagrado de otros reinos a la vida cotidiana de los demás, que han olvidado las alegrías que existen más allá del mundo físico. Yo brindo magia y la habilidad de manifestar la felicidad absoluta en la Tierra. Yo te guio a apreciar tu propia percepción única del Cielo, la perfección y la iluminación.

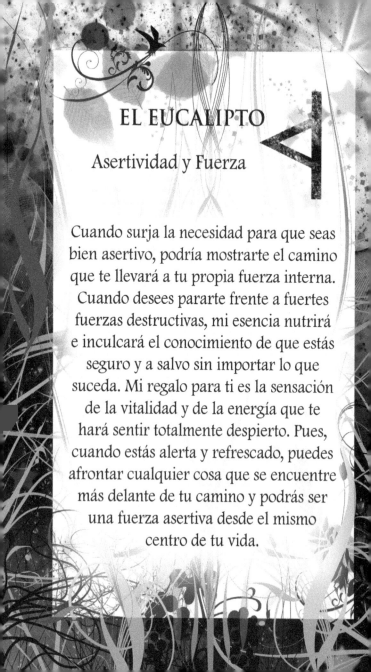

EL EUCALIPTO

Asertividad y Fuerza

Cuando surja la necesidad para que seas bien asertivo, podría mostrarte el camino que te llevará a tu propia fuerza interna. Cuando desees pararte frente a fuertes fuerzas destructivas, mi esencia nutrirá e inculcará el conocimiento de que estás seguro y a salvo sin importar lo que suceda. Mi regalo para ti es la sensación de la vitalidad y de la energía que te hará sentir totalmente despierto. Pues, cuando estás alerta y refrescado, puedes afrontar cualquier cosa que se encuentre más delante de tu camino y podrás ser una fuerza asertiva desde el mismo centro de tu vida.

EL ÁRBOL DE NOGAL

Dinero y Estabilidad Financiera

¿Alguna vez has notado cómo el dinero se expande y se contrae para satisfacer tus necesidades? Algunas veces el dinero que necesitas llegará justo a tiempo; algunas veces una factura llega poco después de ese bono en efectivo. Esto es porque el dinero es energía, como un árbol, yo sé poco de dinero, pero sé muchísimo acerca de la energía. Puedo ayudarte a nutrir una actitud positiva hacia la riqueza y la estabilidad financiera, creciendo tu ingreso y ayudándote a ahorrar tus recursos... ¡y no te costará ni un centavo!

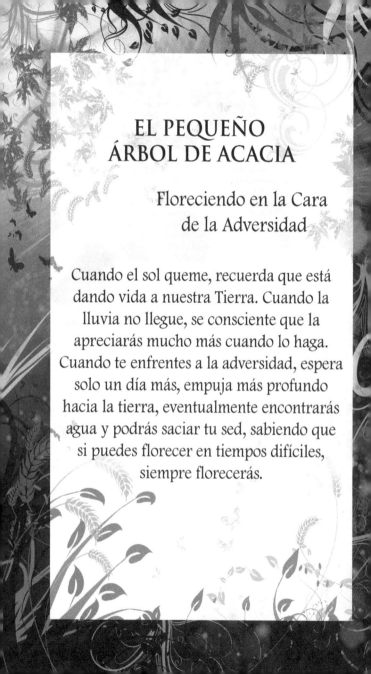

EL PEQUEÑO
ÁRBOL DE ACACIA

Floreciendo en la Cara de la Adversidad

Cuando el sol queme, recuerda que está dando vida a nuestra Tierra. Cuando la lluvia no llegue, se consciente que la apreciarás mucho más cuando lo haga. Cuando te enfrentes a la adversidad, espera solo un día más, empuja más profundo hacia la tierra, eventualmente encontrarás agua y podrás saciar tu sed, sabiendo que si puedes florecer en tiempos difíciles, siempre florecerás.

EL ÁRBOL DEL CIELO

Pasión, Alegría e Iluminación

Algunos podrán decir que soy hermoso,
¡en realidad pienso, que es el observador el
que es hermoso! Ver belleza en el mundo
que te rodea es ser bello dentro de tu mente,
de tu corazón y de tu alma. Cuando crees
que el Universo y tu existencia en él son tan
hermosos que no puedes ni respirar de tu
asombro, comienzas a expandir, ascender,
experimentar pasión y un sentido de
iluminación que te perseguirá por la
eternidad…

Aprenda cómo practicar y enseñar la Maestría de los Reinos de Reiki Celta, con un exclusivo entrenamiento en línea; traído a usted por el creador de Reiki Celta, Martyn Pentecost. Solo disponible con la compra del paquete de libros del Maestro de los Reinos a través de mPowr Publishing. Con cuatro cuadernos* ilustrados y dos exclusivos libros de referencias del Maestro de los Reinos a color, usted podrá acceder al entrenamiento semanal en los vastos Reinos digitales de Reiki Celta. Con cientos de horas de vídeo, audio y contenido interactivo, se le guiará a su cualificación profesional y acreditación por Martyn en el más extenso y hermoso entrenamiento de Reiki disponible en cualquier lugar. Para información adicional, por favor visite:

www.celtic-reiki.com   www.es.celtic-reiki.com

*Cuadernos comprados a través de otros detallistas no son elegibles para el bono de entrenamiento en línea.

Una Nota del Traductor:
Marcos González es el primer Maestro de los Reinos del habla hispana y actualmente se encuentra disponible para ofrecer tratamientos, talleres y entrenamientos a través de su página www.reiki-celta.com

Podrían interesarte mis hermanos y hermanas;
los otros Libros de Reiki Celta y CDs disponibles a
través de mPowr...

Celtic Reiki:
Stories from the Sacred Grove
ISBN: 978-190728210

Celtic Reiki: Stories from the Sacred Grove
Audiobook
ISBN: 978-1907282072

The Mastery of Celtic Reiki: A Workbook
ISBN: 978-1907282027

The Mastery of Celtic Reiki: Audio Companion
ISBN: 978-1907282102

The Celtic Reiki Audio Oracle
ISBN: 978-1907282089